Die Geschichte der Firma Rauch in Freudenberg
... erzählt von ehemaligen Mitarbeitern.

© 2017, D. Zeiler

© 2017

Ein Film von Detlef und Alicia Zeiler

Die Aufnahmen, Interviews und Bilder wurden von 2011 bis 2017 zusammengestellt.

Die Geschichte der Firma Rauch

... erzählt von ehemaligen Mitarbeitern.

ISBN: 978-3-7497-3765-9 (Paperback)
ISBN: 978-3-7497-3766-6 (Hardcover)
ISBN: 978-3-7497-3767-3 (e-Book)

2. Auflage 2019
Verlag und Druck: tredition GmbH, Halenstraße 40-44, 22359 Hamburg
www.tredition.de

Bibliographische Information der Deutschen Nationalbibliothek:
Die Deutsche Nationalbibliothek verzeichnet diese Publikation in der deutschen Nationalbibliografie; detaillierte bibliografische Daten sind im Internet über http://dnb.d-nb.de abrufbar.

Inhalt:

Vorwort: Wieso dieser Film?

In den Jahren 2005 bis 2011 war ich oft zusammen mit meinem Vater am Grab meiner Mutter, die 2004 gestorben war. Bisweilen trafen wir dort auf Heinz Rauch und seine Frau Christa Rauch, die dort das Familiengrab besuchten. Und jedes Mal plauderte mein Vater eine Weile mit Heinz Rauch in einer Weise, als ob sie beide alte Kumpels seien. Aber in Wirklichkeit war Heinz Rauch einer der Chefs der Firma – und mein Vater nur ein kleiner Arbeiter derselben Firma. Das hat mich so verwundert, dass ich mir Gedanken darüber machte, was es denn mit dieser Firma, in der mein Vater gearbeitet hatte, auf sich hatte.

Natürlich hätte ich das schon früher machen können. Aber oft ist es doch so, dass man das Selbstverständlichste, was einen umgibt, einfach so hinnimmt und nicht weiter beachtet. Dabei hatte ich doch Geschichte studiert – und arbeitete damals in einem Wirtschaftsgymnasium, in dem Wirtschaftsgeschichte ein wichtiges Thema sein sollte. Und die seit 1897 bestehende Firma Rauch hätte sich als Forschungsgegenstand eigentlich schon früher angeboten. Sie hatte schließlich zwei Weltkriege und mehrere politischen Systeme überlebt und das Leben einer ganzen Stadt, meiner Heimatstadt Freudenberg (Baden), wesentlich geprägt.

Während mein Vater am Friedhof mit Heinz Rauch über dieses und jenes plauderte, kam ich einige Male mit Christa Rauch ins Gespräch, die mir Anekdoten über die Firma Rauch und deren Mitarbeiter erzählte. Ich schlug ihr daraufhin vor, die Geschichten über die Entwicklung der Firma von noch lebenden ehemaligen Mitarbeitern zu sammeln und zusammenzustellen. Sie fand, das sei eine gute Idee.

So habe ich dann nach und nach noch lebende ehemalige Mitarbeiter besucht und in stundenlangen Gesprächen ausgefragt. Mit der Zeit wurde das Material, das ich zusammengetragen hatte, immer umfangreicher – und ich hätte neben meiner Tätigkeit als Lehrer nie und nimmer die Zeit gefunden, all die Aussagen zu sichten, zu kürzen und in eine sinnvolle Reihenfolge zu stellen.

Im Sommer 2016 wurde ich pensioniert. Und von da an machte ich mich an die Arbeit, all die vielen Aussagen, die ich gesammelt hatte, auf die Rauch-Geschichte hin zu überprüfen. Der Schnitt hat dann immerhin gute vier Monate in Anspruch genommen. In dieser Zeit lebte ich wie im Tunnel, sammelte Fotos und alte Filme, um die Texte auch sinnvoll zu bebildern.

Am Ende bat ich den heutigen geschäftsführenden Gesellschafter des Unternehmens, Michael Stiehl, mir kurz die Veränderungen aufzuzeigen, welche die Firma Rauch unter seiner Führung durchmachen musste. Vor allem die vielfältigeren Ansprüche einer mehr denn je individualisierten Kundschaft und die umweltgerechte Produktion sind heute Themen, auf die eine Firmenleitung reagieren muss.

Herausgekommen ist nun ein 45-minütiger Film, von dem ich zusätzlich eine 20minütige Kurzversion angefertigt habe. Der vorliegende Text dokumentiert die 45-minütige Filmversion.

Der Film selbst ist im Staatsarchiv Wertheim ausleihbar und wird über folgende Seite demnächst auch im Internet abrufbar sein:

https://www.landesarchiv-bw.de/web/46679

Die Geschichte der Firma Rauch in Freudenberg am Main

- **erzählt von ehemaligen Mitarbeitern.**

Filmtext -

Exposition:

Freudenberg liegt am nördlichen Ende Baden-Württembergs – und ist heute ein beinahe idyllischer Ort an einer Flussbiegung des Mains.

Wir beginnen mit einem Blick zurück auf das alte Freudenberg, das lange noch nicht so wohlhabend war wie heute. Autos, Radios, selbst Fahrräder waren lange Zeit noch Luxusgegenstände.

Die ärmlichen Hütten am Mainufer waren häufig von Hochwasser bedroht. Und ein Blick in den Osten zeigt ein weites, unbebautes Feld; lauter kleine Ackerstücke.

Franz Kern (geb. 7.11.1919):

„Also ursprünglich gab's in Freudenberg die Sandsteinbetriebe, die Söllers z.B. Aber es ist halt so, weil der Sandstein, der hat ja auch viel Schwefel, und wenn man im Stein gearbeitet hat, da hat man immer einen Mords Durst gekriegt, ne. Und dann haben die Steinhauer so

Wasserkübel gehabt, von Holz, und die Lehrbuben, die mussten dann immer an die Brunnen fahren und mussten Wasser holen, weil man dort viel trinken musst.

Kein Bier, des Bier kam erst hinterher.

Aber weißt, von dem Steinstaub ist die Lunge zu geworden, und mit 36, mit 36 Jahren sind die Steinhauer schon gestorben! Und wer net in den Steinbruch gemusst hat, der ist net hin, der hat sich andere Arbeit gesucht, ne. Die einen sind Schiffer geworden, so als Matrosen sind die gefahren – auf'm Main, ja. Und dann gab's die Wagner, und dann die die Fässer gemacht haben, die Küfer. Zwei Wagner waren da."

D.Z.:

Aber so allmählich war dann doch der Rauch der größte Arbeitgeber.

Franz Kern:

„Allmählich ist der Rauch immer mehr aufgeblüht. Und dann haben die Arbeitskräfte in Freudenberg nicht mehr ausgereicht. Und dann musste der Rauch in der Umgebung suchen, wo er Leut findet. Aber inzwischen sind ja auch die Vertriebene gekommen, wo in Wertheim die Glashütte aufgebaut haben. Und dann haben die da oben auch Leut gebraucht in der Glashütte – und dann ist die Umgebung abgesucht worden nach Leut. (Lacht) Da war eine große Konkurrenz da, ne."

D.Z.:

Aber das hat ja für die Löhne so gewirkt, dass die gut gestiegen sind.

Franz Kern:

(Lacht) „Ja. Der gegenseitige Kampf dann um die Leut, da sind dann auch die Löhne ein bissle raufgange. (Lacht) Des war 'ne richtige Lohntreiberei. (Lacht) Aber für den Arbeiter war's gut!

Aber immerhin mussten die immer auch zusehen, dass sie immer günstig absetzen können, dass preislich sie immer so unten liegen, ne, und dass ein bissle Qualität drin war, ein bissle Erfindergeist."

Die Anfänge der Firma Rauch:

Franz Kern:

Die Firma Rauch, die hat im 19. Jahrhundert (1897, D.Z.) schon angefangen. Der alte Chef-Rauch, des war der Wendel Rauch. Der hat in den verschiedensten Betrieben erst Erfahrungen gesammelt – und dann ist er selbstständig geworden."

D.Z.:

Es war hier in der Umgebung?

Franz Kern:

„Ja, des ging bis Frankfurt! Und dann fing er an mit Kleinmöbel. Und da hat er dann Kinder aus den Kinderheimen auch dazugeholt. (Z.B. aus Walldürn, D.Z.) Das war eine soziale Tat von ihm. Und die hat er auch ausgebildet. Und die haben auch Wohnung gekriegt.

Und so hat er mit denen mit Kleinmöbeln angefangen – und nachdem des Ding da gelaufen ist, da ist es dann so weit gekommen, dass er

Wendelin Rauch

10

sich ein weiteres Grundstück zugelegt hat – und hat dann dort eine kleine Werkstatt gebaut. Des war also ein Haus."

D.Z.:

Wo war die Werkstatt?

Franz Kern:

„Draußen, im ersten Betrieb. Des ist aber alles abgerissen worden. Und da, von da aus hat er dann auch angefangen mit Schlafzimmer später dann."

D.Z.:

Der Wendel selber schon?

Franz Kern:

„Ja, ja, der Wendel selber schon hat angefangen mit Schlafzimmer. Und die Schlafzimmer sind dann ganz gut gelaufen, weil er da drauf aus war: Der Einkauf, der Preis und die Qualität bringen den Absatz!"

D.Z.:

Aber es war immer noch ein Handwerkbetrieb.

Franz Kern:

„Ja es war noch ein Handwerkbetrieb. – Also die Schlafzimmer, die gingen meistens so bis Frankfurt oder Würzburg, ne. In die nähere Umgebung.

Erst dann hat das dann weitere Kreise gezogen.

1934 hab ich bei der Firma Rauch angefangen als Lehrling. 1937 hab ich ausgelernt gehabt, da hab ich meine Prüfung machen müssen, meine Gesellenprüfung. Und dann 1940 bin ich dann eingezogen worden.

Und dann war ich siebeneinhalb Jahre weg, dann auch in Gefangenschaft."

D.Z.:

Aber was war dann mit der Firma Rauch in der Zeit?

Franz Kern:

„Die Firma Rauch, die hat dann eigentlich mehr für die Wehrmacht gearbeitet, ne. Bombenkisten und solche Sachen mussten die dann herstellen. Und da haben die auch Russen dazu genommen, ne."

D.Z.:

Fremdarbeiter. Sind die gut behandelt worden hier?

Franz Kern:

„Ja, die Fremdarbeiter, die sind gut behandelt worden hier bei der Firma Rauch. Die sind dann auch hier verpflegt worden. Denen Russen, denen ging's eigentlich hier ganz gut. Die waren gut untergebracht. (Das wurde mir von Arno Knapp und anderen Rauch-Senioren bestätigt. D.Z.)

Christa Rauch (verheiratet mit Heinz Rauch):

„Dann ging's los mit der Judendeportation damals. Und dann hat er vielen geholfen, die nach Amerika ausgewandert sind. Da hat der Otto mitgeholfen. Es war ja auch Kundschaft, es waren Verkäufer, Vertreter. Ich hab dann einen kennengelernt, der war dann wieder bei uns. –

Und da waren die ausgemergelten Figuren, die mussten arbeiten hier. Er dürfte keine Möbel machen, er musste Särge, er musste Munitionskisten machen und Spinde. Und dann konnten die nicht arbeiten; hat mein Otto gesagt: So können die net schaffen, die müssen was zum Essen kriegen. Die Schwiegermutter hatte ‚ne Sau in Aussicht. Das war ja aber damals schwarzschlachten. Und da hat er dann ein oder zwei noch dazu schlachten lassen…

Und dann kamen sie und haben ihn geholt. Und dann ging's ihm so schlecht, wie er wiederkam, er konnte nichts mehr essen, wurde immer weniger – und dann sie ihn mal nach Wörishofen geschickt.

D.Z.:

Für mich hört sich das doch seltsam an, dass einer sowohl mit den Nazis Ärger kriegt – und dann nach dem Krieg aber auch!

Christa Rauch:

„Des hab ich dann später rausgefunden: Sie haben ihn als Nazi hingestellt, weil er ja ,Kriegsgewinnler' war…. Und ich mein, der war fleißig, und der hatte einen guten Helfer in einem Steuerberater aus Frankfurt, der war hier evakuiert. Seine Kinder waren – die eine waren mit mir in der Schule. Des war auch meinem Mann seine (damalige) Freundin, des war die Helga Christ. Und der Herr Christ, zwei Söhne, noch ,ne Tochter. Und der Wendel sollte die Tochter heiraten. Der (Herr Christ) hat hier oben gewohnt, neben der Elfriede (Rauch), in so ,nem kleine Häusel. Da ist der immer den Berg rausgeklettert. Der hat sehr geholfen, der kannte viele Leute."

Franz Kern:

„Ja, da war Entnazifizierung. Also all die, die bei der Partei waren, die haben die all geholt, haben sie eingesperrt – und haben die umge- schult (lacht) sozusagen, ne. Aber die reiche Leut, die waren des net gewohnt, in so 'nem Lager zu sein und (lacht) umgeschult zu werden. (Lacht) Des war ‚ne gewisse Erniedrigung. Des muss man auch von dem her sehe, ne."

D.Z.:

Das war der Otto.

Franz Kern:

„Ja, des war der Otto. Die haben das aber bald wieder geschafft, ne, dass des auch wieder gelaufen ist.

Nur – mit einem Modell, was sie immer wieder gemacht haben – ei- nes Tages ist des ausgelaufen. Da musste mal was Neues her.

Und des haben dann die Söhne gemacht."

Christa Rauch:

„Ja, und da war eben der Heinz, der war 15, kam in den Betrieb, weil der Vater ja weg war. Und dann der Wendel, des ist der einzige, der in Heidelberg studieren wollte, hat' aber net fertig gemacht. Und der Günter war ja bei den Flakhelfern mit dem Paul (Ziegler). Meine bei- den Brüder waren auch dabei – Jahrgang 1925, 1927."

Heinz Romstöck (Jahrgang 1928):

„Und da war ein Treuhänder auf dem Betrieb. Und der Krug war der Meister. Aber des ganze Sagen hat der net gehabt, es ist kontrolliert worden. Und die Treuhänder, wenn wir noch ein paar Treuhänder ge- kriegt hätten, wär die Firma kaputt gegangen. Des erste, da haben die nämlich für sich Möbel hergestellt, herstelle lassen, und zwar nach ihrer Art, was sie sich gedacht hatten, was sie sich vorstellen. Des waren schon Leut, wo Berufskenntnisse gehabt haben.

Die waren noch net lang drauf, da sind die wieder abgehauen, ist ein anderer gekommen. Und die Firma, des hat's gedrückt!

Der (Max) Krug war der Meister. Und die Gesamtführung, des sollten die Treuhänder sein. Aber unter dem Krug seiner Hand ist viel gelau-

Heinz Romstöck

fen. Ohne de Krug wär die Firma kaputtgegangen. Das steht fest!

Der Krug war auch ein sehr strenger Mann. Na ja, da is als auch einmal ein bissle rumgeschrien worden, aber des gibt's immer.

Ich bin mit dem Krug auch gut ausgekommen. Ich hab ja in der Zeit gelernt.

Und da is meine Prüfung ein halbes Jahr zu spät angemeldet worden. … Und da ist es ein halbes Jahr später worden. Das war mir net recht. Und da hat der gesagt: Romstöck, du kriegst deinen Gesellenlohn. Und ich hab den auch sofort gekriegt, sofort ab dem Zeitpunkt."

D.Z.:

Also er war streng, aber er war auch fair.

Heinz Romstöck:

„Ja!"

Franz Kern:

„Also am 21. November 1947 bin ich entlassen worden. Da war der Grund, das haben die Franzosen doch anerkannt: Weil ich dann Minen geräumt hab. Und vor allen Dingen, was unter 1000 Leuten keiner macht, hab ich Minenfelder umgepflügt für die Bauern."

D.Z.:

„Da haben sie ja noch Glück gehabt, dass sie noch da sind!"

Franz Kern:

„Ich hab schon ,ne gute Vorsehung gehabt, ich muss schon sagen, ja.

Ich war erst vier Jahre lang bei der Firma Kern. Da hab ich mein Beruf noch mal nachgelernt. Und dadurch dass da alles gemacht worden ist, ... hab ich mal wieder zu mir selber gefunden, als Mensch. Und durch die verschiedenen Arbeiten bin ich dann drauf gekommen, mir mal selber ein Schlafzimmer anzufertigen, nach meinem Wunsch... Und des ist das Schlafzimmer, was draußen (im Möbelmuseum, D.Z.) steht."

Zwischentext:

1948 ist Deutschland in vier Besatzungszonen aufgeteilt. Die Firma Raum verliert mit dem jetzt kommunistischen Osten ein großes Absatzgebiet.

Franz Kern:

„1948 bei der Währungsreform, da hat auch der Rauch wieder angefangen mit der zivilen Produktion. Bei dem ist es auch nur wieder langsam angegangen, ne. Der hat ja auch erst wieder die Leut haben müssen, wo dann Schränke aufgebaut haben und das Ganze. Die Leut waren ja nimmer da! Musst ja alles wieder neu aufgebaut werden, ne. Von vorne.

(Aber) des waren ja alles wieder Schreiner, wo wieder zurückgekommen sind, ne, die wieder angefangen haben. Und dann haben die Leut auch von sich aus ein bissle mitgedacht, ne. Jeder Betrieb braucht eben Leut, die mitdenken!"

Fritz Trunk: (1924-2014)

„Der Otto Rauch, der hat uns, den Lehrbuben, wo dort Mals eingezogen worden im Krieg, hat der praktisch eine Rente angelegt. Das ist ‚ne Versicherung gewesen, ne. Das war ganz schön. Ich hab sie dann rausgekriegt mit 60 Jahr. Und. Der Blos Leo, den hast du gekannt. Der is mol zu mir komme: ‚Fritz, ich weiß net, ich krieg da Geld, das hab ich gar net einbezahlt.' Hab ich gesagt: ‚Du warst damals bei den Jugendlichen dabei, wie du fort bist. Und du kriegst die Rente auch."

D.Z.:

Das hat der Rauch einfach so gemacht?

Fritz Trunk:

„Des hat der gemacht."

Heinz Romstöck:

„Für die Soldaten von der Firma, die in den Krieg gekommen sind, die hat er unterstützt, da hat der nachgefragt. Da sind als Feldpostpäckchen geschickt worden oder Briefe, und da hat er gesorgt, dass er immer in Verbindung war.

Und da hat er mir den Auftrag gegeben, dass ich Spielsachen machen soll. Und des war meine Entwicklung. Da hab ich einen Riesenspaß gehabt. Da hab ich gemacht Baukästen, Holzbaukästen mit Deckel, dass man aufmachen kann. Holzspielzeug, heut ist das in Plastik. Und dann die Dackel hat's gegeben damals; das war'n so vier Rädle, also vorne zwo Rädle, hinten zwo Rädle, in der Mitte Leder normalerweise... und dann sind die so geschwänzelt, ne, die war'n super, die war'n super, ne. Und das ist dann verteilt worden, ich hab des auch de Leut bringe müsse – in meinem Ort da oben in Fechenbach. Und da haben sich die Leut gefreut, ne. Und die Verbindungen waren halt von ihm ausgestrahlt. Na ja, des war so die Vorsorge und Fürsorge vom Otto Rauch.

Den Otto Rauch hat man als einen sehr guten Menschen erlebt. Der konnte seine (zögert) … Dings haben, er war streng, aber gut!

Der Heinz Rauch war unten bei mir, wir waren in der Lehrwerkstatt. Und durch des waren wir zusammen – und da hat der halt gesehen, dass ich schlechtes Schuhwerk hab; und des hat auch gestimmt! Und da warn mir da unne in der Lehrwerkstatt, und der Chef ruft mich nuff, der Otto Rauch. Und da hast du immer so ein bissle ein gemischtes Gefühl. Und des ist aber gut gegangen. Und da hat er gesagt: da stehn ein paar Schuh, probierst sie mal an! Und da hab ich sie anprobiert – und die haben gepasst. Die waren vom Heinz (Rauch) waren die. … Und die waren erst mal benagelte Schuhe damals, und des erste Ding war abgelaufen, mehr net. Und da hab ich mich riesig gefreut."

Fritz Trunk:

„Meine Gesellenprüfung, wo ich gemacht hab; wir haben ja hier gelernt, beim Rauch. Drei Jahren warn des. Aber es sind keine drei Jahre geworden, weil vorher der Krieg war, also dass wir eingezogen worden sind."

D.Z.:

Und da seid ihr von Rauenberg, wo sie ja gewohnt haben, von Rauenberg, seid ihr dann…

Fritz Trunk:

„Jeden Morgen um halb Sechs Uhr sind wir abgelaufen, dass wir rechtzeitig da waren. Ja, und dann mussten wir den Betrieb auch noch sauber machen nach Feierabend, und dortmals war ja lange Arbeitszeit. Und um halb Sieben sind wir da am Kriegerdenkmal wieder ab durch den Wald wieder ab… nach Rauenberg."

DZ.:

Also es war schon härter als heute.

Fritz Trunk:

(Lacht) „Kein Vergleich! Die haben ja Gold (heute)."

„Montags bin ich, wir haben daheim Kühe gehabt, und da wollt ich mal mit dene Küh fahrn. Da bin ich naus de Acker gefahrn (lacht) und hab da halt gepflügt. Und auf einmal kommt meine Schwester und hat gesagt: Fritz, du sollst heimfahrn, und ich fahr mit dem Fuhrwerk heim. ‚Der Otto Rauch ist da!' Ja und da waren die da und haben bei uns gevespert. Und wo ich gekommen bin, da hat der sich natürlich riesig gefreut, dass von seine Lehrbube wieder einer heimkomme ist, ne.

Und da hat er zu mir gesagt: Du brauchst jetzt nicht zu arbeiten, du bist jetzt ab sofort wieder bei der Firma Rauch eingestellt. ... Und dein Lohn kriegst du denselben, wie ihn heute die Gesellen auch haben. Da hab ich mein Lohn gekriegt, hab aber erst ab dem 15. Oktober schaffe brauchen."

D.Z.:

Da war's aber noch eine kleine Firma.

Fritz Trunk:

„Wir haben dortmals wie der Otto Rauch gestorben ist, der hat ja gar nimmer lang gelebt, da haben wir 38 Schlafzimmer gemacht. Und heut sind's tausende, ne."

Franz Kern:

„Solang wie eben Krieg war, war nichts mehr. Und nach dem Krieg, da ist es erst ganz langsam wieder angelaufen. Da war's ja ganz langsam angelaufen… Dann kam ja die Währungsreform. (1948) Und nach der ist das erst ganz langsam richtig angelaufen."

Fritz Trunk:

„Der Günter hat von seinem Vater, also es waren drei Brüder und der andere war ja krank, der vierte, ne; der hat von seinem Vater des ge-kriegt, dass er über's Ganze das Sagen hat. Und der Wendel hat mehr nach außen, wenn Vertreter… das hat er mehr gemacht. Der Heinz, - die waren ja noch ganz frisch, die Kerle sind ja (damals) noch ganz jung, sind ja jünger wie ich."

D.Z.:

Wie alt war der? Ein Jugendlicher noch.

Fritz Trunk:

„Ja, ja. Und der alte Otto, solang er noch gelebt hat, bis zu seinem Sterbetag, hat der Otto Rauch und sein Sohn Günter, den hat er mit in den Betrieb als genommen. Und immer mehr hast du gesehen, der hat gekränkelt, der Otto Rauch – bis er gestorben ist. Und dann hat aber der Günter des schon gemanagt.

Die anderen, die haben da dazu geschafft. Der Heinz, der war schnell. Der war in der Schule in Miltenberg; dann hat er Schreiner nachgelernt. Und während der Lehre hat er schon die Lehrlinge ein bissle geführt. Da haben wir noch so nebenbei Buffets gebaut. Und die Abteilung hat er da schon gehabt."

D.Z.:

Der war so der technisch Begabte.

Fritz Trunk:

„Der hat ganz und gar mit mir zu tun gehabt.

Es waren Zeiten da, wo die Leut, wie sie geheiratet haben, Sachen angeschafft haben – und konnten es net bezahlen – und dann war dann der Kuckuck da. Und dann sind die Frauen, meistens haben sie ihre Frauen vorgeschickt, ob ich net Geld leihen kann, also er (der Günter). Und dab ich gesagt: Na ja, um was geht's? Ja die einen haben einen Fernseher gekauft. Oder dortmals noch Radio usw. Und da hab ich die Erlaubnis gekriegt, dass ich da sagen konnte: Ja wir sprechen darüber. Und des hab ich dann immer mit dem Günter gemacht. Hab ich gesagt: Und wie weit kann ich da zusagen? Und da hat er gesagt: Bei manche, wo gebaut haben, da können wir schon höher reingehen, aber das andere, das müssen wir erst rausrechne usw. Aber das waren schon Brocken. Aber ohne Tamtam! Da hat gar keiner erfahren. Wenn da eine Frau gestanden ist am Fließband, und da ist die Frau gekommen und hat 1500.- DM mit heim genommen – und da hat sie ihren Krempel bezahlen können, wo da grad gedrückt hat."

Heinz Hofmann (ehemals Bürgermeister von Freudenberg):

„Also zunächst nach dem Krieg war es so, dass die Leute vom Krieg zurückgekommen sind, haben Kleinstlandwirtschaften gehabt, und da war es wichtig, dass man eine Arbeit gefunden hat. Und da war Rauch das Unternehmen in der Region, dass den Menschen dann auch einen guten Arbeitsplatz geboten hat. Und umgekehrt, das weiß ich aus eigener Erfahrung, waren das tolle Mitarbeiter, die hier von den Dörfern links und rechts des Maines gekommen sind.

Später, wie die Arbeiter eher zu umwerben waren, war es so gewesen, dass das Unternehmen Rauch mit tollen Sozialleistungen aufgewartet hat. Und ich denke daran, man war immer darauf bestrebt, dass die Menschen ein gutes Essen gehabt haben. Und es wurde selbst gekocht in der Kantine. Und wenn jemand das gewünscht hat, hat er allemal einen Nachschlag bekommen."

Motivation:

Fritz Trunk:

„... dass wir eingeführt haben, dass, wer einen Verbesserungsvorschlag bringt, der wird bezahlt. Der wird geschätzt von dem Gremium – und dann sagen wir, das ist des wert, dass der Mann so viel kriegt. Und dann haben wir des bezahlt. Oh, da (dafür) hab ich schwer geschafft; das hab ich alles gelernt in Heidelberg."

D.Z.:

Ja? Motivation!

Fritz Trunk:

„Das Betriebsklima war sehr gut – gegenüber den anderen Betrieben, wo damals im aufsteigenden Ast waren, da haben wir sehr gut abgeschnitten."

D.Z.:

Und das war ja auch ein Glücksfall, dass die Brüder gut zusammengeschafft haben.

Fritz Trunk:

„Die haben sehr gut zusammengeschafft. Bei Geschwister, des weiß jeder, der Geschwister hat, es gibt immer mal jemand, wo dagegen haut, ne. Und so war's dann da auch genauso. Aber dass sie irgendwie (sich auseinander...), ne, ne, das hat's net gegeben.

Am Tisch waren die immer zusammen gehockt, da hat's nichts gegeben..."

D.Z.:

Das war ja auch ein Glücksfall für den Betrieb.

Fritz Trunk:

„Ja, ja. Genau!

Der Heinz hat sich net viel sagen lassen. Was wir miteinander ausgemacht haben, des hat Hand und Fuß gehabt. War der Fritz dabei? hat er gleich gefragt. Also."

D.Z.:

Dann ist es in Ordnung…

D.Z.:

Was war denn dem Heinz sein Job im Betrieb?

Christa Rauch:

„Er war der Techniker – und er konnt sich unheimlich was merken, und er hat halt wirklich mit den Leuten (umgehen können).

Und wenn einer mal net … des hieß dann natürlich, des macht der immer, das hat aber nicht gestimmt: Wenn irgendwas nicht ordentlich gearbeitet war, dann hat er dieses Schränkchen hingeschmissen und hat gesagt: Mach's neu!

Er hat einen Blick gehabt für alles, was halt lief und hat auch ein Feeling gehabt für gute Leute.

Und der Wendelin, der war halt mehr für die Bank zuständig. Aber wenn Gespräche waren zum Schluss, da waren sie immer zusammen. Die Brüder haben zusammengehalten, da kann ich nichts sagen! Und wenn der Herr Christ was vorgeschlagen hat, da wurde des abgesprochen: Können wir das so machen? Und eines Tages ist der ja auch nicht mehr dagewesen – und da hat's der Sohn gemacht; bis zu einem gewissen Grad. Und dann wurden die dann größer; der hieß Dieter Christ. Und dann musste der das aufgeben, weil er die Prüfung nicht gehabt hat für die Größe. Und dann haben wir andere dafür nehmen müssen, Fremde."

D.Z.:

Was war so dein Job? Hast du hauptsächlich über den Betrieb reden müssen – oder hast du so das Hinterland gemanagt.

Christa Rauch:

„Natürlich, wir haben hier die Besprechungen gehabt. Ich hab doch alles mitgekriegt. Ich war auch draußen, ich hab doch die ganzen Hausmessen mitgemacht. Jetzt sind noch Leute da, die mich von früher kennen. Und da wird halt erzählt. Ich bin auf jeder Messe gewesen – bis auf einmal, 1962, wo die Jenny auf die Welt kam. Sonst bei jeder Messe, weil des ja im Januar war.

Ich bin in Krankenhäuser und hab Leut rausgeholt, wo ich gesagt hab: Du erzählst, dein Mann geht daheim fremd. Ja geh doch du mal raus aus deinem Nest! Sitzt da und machst die Fingernägel, die Fußnägel. Na ja, und dann ging die Türe auf – und dann kam der Doktor rein. Und dann hat's geheißen, der Mann ist fremdgegangen daheim. So Zeug. Und dann bin ich dann hin und hab die motiviert, dass sie wieder nach Haus gehen. (lacht)

Ich war auch in Mergentheim, wenn einer da was Schweres hatte dann Krebs und er wollte nimmer leben…."

D.Z.:

Von der Firma?

Christa Rauch:

„Alles Firma!"

D.Z.:

Also mit anderen Worten: Ihr habt euch auch um die Leute gekümmert, wenn ….

Christa Rauch:

„Hundertprozentig! Mein Mann hat z.B. gesagt: Du, wir haben da einen Neuen. Guck einmal nach der Frau! Wenn der es net gefällt, die bleibt net hier, dann haben wir den guten Mann wieder los.

D.Z.:

Und wenn in der Firma jetzt irgendwas schief gelaufen ist, dann…

Christa Rauch:

„Ja, das hab ich abgekriegt. Nachts. Der hat um sich geschlagen. Ich weiß noch, wie der ‚Alleskönner', der draußen in der Ausstellung steht, des ist eine Maschine, die kann viel. Und wie er dann, das war gerade zur Hochzeit, da hat der nachts mir auf die Nase geschlagen. In seinem Wahn, weil dieser ‚Alleskönner' nicht so geklappt hat wie er wollte. Und da hat er im Traum (um sich geschlagen). … Mein Mann hat nachts mit dem Ding weitergeschafft.

Paul Ziegler: (War früher Metzgermeister)

„1957 bin ich zur Firma Rauch gekommen. … Da musst ich dann die Fakturierung übernehmen. Und des war damals nur eine einfache Rechenmaschine und Schreibmaschine. Und da hat man sich natürlich sehr schwer getan. Einmal war ich nicht mehr firm. Ich hab wohl auch damals Schreibmaschinenkurse gemacht gehabt zur Schule dazu – zusätzlich. Und wie gesagt, musst ich dann die Rechnungen schreiben. Und das ging so ungefähr vier, fünf Jahr. Dann war das Datenvolumen zu groß. Und dann ist man dazu übergegangen – oder man hat sich überlegt: Was könnte man machen? Und ist man auf die Lochkartensysteme dann gekommen. Und da hat man mich ins Wasser geschmissen: Jetzt sieh mal zu, was da daraus zu machen ist!"

D.Z.:

Wie haben sie sich da geholfen?

Paul Ziegler:

„Ja, ich musste auf Seminare gehen, auf etliche. Weil - da hat man mal die Lochkarte selbst gehabt, da war nichts drauf. Dann ist das über Locher und Prüfer ist das aufgenommen worden; dass da in den Lochkarten überhaupt was drin war. Die ganze Adressdatei musst man anlegen, von sämtliche Kunden. War auch ‚ne Mordsarbeit. Und des musst ja alles eingelocht werden."

D.Z.:

Das war jetzt wann? Ende der 50er oder Anfang der 60er?

Paul Ziegler:

„Das war Anfang der 60er schon. Das ging 3-4 Jahre. Und dann kamen immer bessere Maschinen. Z.B. hat man das nicht mehr in Lochkarten gespeichert, sondern dann hat man schon Platteneinheiten gekriegt. Und dann haben wir die ganzen Auftragsbestände, wo als Lochkarten drin gestanden sind, die haben wir dann gespeichert in dem System, also d.h. in den Plattenlaufwerken. Und um die wieder zu sichern, hat man dann Bänder dazu genommen. Und so hat sich das nach und nach alles entwickelt.

Also Magnetbänder, die hat man dann eigentlich nur dazu, wenn man eine Datei aufgebaut hat - oder zur Datensicherung, wenn eine

Platte kaputtgegangen ist, dass man auf die Daten zurückgreifen konnte. Und es sind auch täglich die Sicherungsdateien wieder aufgefrischt worden.

Es ist so ziemlich alles gelaufen. Auf der anderen Seite sollten wir SAP (einführen), was ein gewaltiges Programm ist, das hat uns weit übertroffen das muss man sagen. Mit SAP konnten wir uns eigentlich nicht vergleichen. Aber was wir konnten: Wir haben ja eigentlich alles gehabt, was (für uns) auch des SAP-System geboten hat. Aber das ist viel gewaltiger. Wir haben ja eigentlich Dinge gar nicht gebraucht, was SAP geboten hat. Und zum anderen mussten wir viel Anpassungsprogramme machen, ne. Heut ist das, ab 1992, da war ich dann nicht mehr in der Firma, ist das längst eingeführt; und läuft auch zur Zufriedenheit."

Bruno Salzmann: (von 1955 bis 1988 bei der Firma Rauch)

„Als ich hierherkam, waren ungefähr 200 Arbeiter beschäftigt in der Firma – und die haben ungefähr so 50 Schränke gebaut, ne. Und ich bin dann eingesetzt worden für den Aufbau der Technik im Betrieb, ne. Ob da irgendwas verändert ist, da muss ich eben anpacken, Zeit nehmen und so weiter – wo ich halt am ersten anfangen konnte. Und das ist dann ungefähr so eins, zwei Jahre gelaufen. Es ist immer irgendwas verändert worden, vor allem die Entwicklung vom Betrieb. Es ging dann eigentlich ziemlich schnell, dass wir in einem Jahr von 60 bis 80 gleich auf 100 Zimmer gekommen sind, die dann rausgegangen sind. Und es ist immer wieder ein Stückchen neu nachgebaut worden. Da waren hier in Freudenberg … sehr viele Gärtchen, die Hälfte der Firma in der alten Ortschaft, das waren ja Gärtchen, Gartenstücke. Das waren ungefähr so 100 Stück, die mussten erst einmal gekauft werden von den einzelnen Leuten. Und dann haben wir uns so erweitert – bis ungefähr 1965/66. Dann waren wir so groß geworden, dass wir ungefähr 400-500 Schränke machen konnten, so hat sich die Firma Rauch entwickelt, ne. Und es ging auch verhältnismäßig gut. Es waren gute Leute da.

Dann ging's nicht mehr. Dann waren wir mit den 500 Zimmern wieder zu klein! Wir mussten mehr machen. Und dann haben mir die drei Brüder Rauch dann den Auftrag gegeben, ich soll ein neues Werk planen. Das hab ich dann gemacht. Das ist das Werk III draußen, das hab ich dann geplant. Und das ist dann so 1970 ungefähr angelaufen. Und so ist das weitergelaufen, ne. Und ich hab dann die ganze technische Leitung gehabt."

D.Z.:

Der Rauch konnte ja auch deshalb so schnell expandieren oder mit der Zeit gehen, weil er so viele qualifizierte Leute gehabt hat. Hat er die von anderen, schon funktionierenden Schreinerbetrieben übernommen oder hat er selbst ausgebildet? Wir hat er das geschafft, dass er auch die Arbeiter kriegt?

Bruno Salzmann:

„Ja, die haben wir net gekriegt, die haben wir selbst ausgebildet! Der Trunk Fritz, der hat dann das Werk I gehabt, der Hofmann Robert das Werk III, ne. Und für die Schreinerausbildung war erst einmal der Lieb da.

1964 oder 63 ist es mit den Türken losgegangen.

D.Z.:

So früh schon? Ich glaub Ende 60, oder?

Bruno Salzmann:

„Nee, ungefähr schon Anfang 60, 62, vielleicht 63. Da haben wir mit den Türken angefangen. Und da hatten wir letztes Endes ungefähr so 100 Mann, die da mitgearbeitet haben. Die sind natürlich auch langsam eingearbeitet worden als angelernte Arbeiter. Waren zum Teil ganz gute Leute dabei.

Und Elektriker und Schlosser, da haben wir uns ja auch nacheinander aufgebaut, die mussten wir uns holen so hier aus der Gegend. Ich mein, Techniker und Ingenieure, die sind natürlich von außerhalb dazu geholt worden, ne. ... Die kamen dann von Ingenieurschulen auch. Die haben wir dann hier mit eingesetzt."

D.Z.:

Also der Kern der Arbeiter wurde von hier ausgebildet. Also Ausbildung war von Anfang an wichtig.

Bruno Salzmann:

„Ja sicherlich. Das war sogar sehr wichtig. Und das ist auch heut noch so gang und gäbe, dass es so gut gemacht wird. Ich bin jetzt schon 20 Jahre weg vom Betrieb, ne, und ich seh's ja, wie es läuft – und es läuft sehr ordentlich.

Die ersten Jahre waren die Chefs und ich, wir haben die Entwicklung gemacht. Die Entwicklung – und sind draußen rumgefahren und haben uns irgendwo welche Sachen angeguckt, was neu ist oder was man neu machen kann: Neue Maschinen, die man halt reinbringt. Und das haben wir dann 20 Jahre vielleicht so gemacht, ne. Bis das dann nimmer ging. Dann haben wir neue Leute eingestellt von außerhalb. Da ist ja der Sasse gekommen für die Entwicklung von den

Schlafzimmern, von den Möbeln. Dann ist ja der Pertl gekommen, der hat dann die Maschinen und die Technik gehabt. Und da war noch der Krug da, nich. ... Der Bürgermeister, unser Hofmann, der war ja dann Leiter von den Elektrikern draußen, ne. ... Die haben wir natürlich auch hochgeschaukelt, die haben wir dann weitergebildet, bis sie dann Meister waren, ne, haben wir sie dann irgendwo hingeschickt, wo sie was sehen konnten, wo sie was lernen konnten. Und die haben dann alle Messen besuchen können. Und wenn sie was Neues gesehen haben, das haben wir dann so gut es ging umsetzen können."

D.Z.:

Also ihr wart immer am Ball. Und da war auch ‚ne Messe in Köln, glaub ich.

Bruno Salzmann:

„Ja sicherlich. Da sind praktisch 20 bis 30 Mann immer hingegangen. Die haben da geguckt, was es da Neues gibt und was da entwickelt werden kann. Da ist dann der Sasse mit seinen 4, 5 oder 6 Leuten, die er dann am Ende gehabt hat, die mussten natürlich mit und sehen, was es da Neues gibt und was wir irgendwie übernehmen können. Oder vielleicht besser machen können."

D.Z.:

Und die Fertigung ist ja so, Dass ihr auf Nachfrage fertigt, nicht im Voraus, oder?

Bruno Salzmann:

Nein! (winkt ab) Das haben wir schon vorher abgeschaltet. Wir haben das gesehen, was draußen verlangt wird, und jede Woche, wir haben ungefähr 3-4 Wochen Lieferzeiten gehabt. Und da konnte man das so vermixen, dass man das fast alles zu jeder Zeit liefern konnte. Und da waren wir einer von den Ersten in der Bundesrepublik oder wahrscheinlich in Europa, die das gemacht haben, ne."

Heinz Hofmann: (von 1992 bis 2014 Bürgermeister der Stadt Freudenberg)

„Ich war als Elektriker, den ich gelernt habe, bei der Firma Rauch einmal ausgeliehen gewesen. Und das hat mir Spaß und Freude gemacht. Ich wurde daraufhin angesprochen, ob ich nicht gerne bei Rauch beginnen wollte mit meiner Arbeit. Das hab ich am 11. 3. 1968 beim Unternehmen Rauch begonnen – und habe bis 1992, bis ich dann Bürgermeister geworden bin, mit voller Zufriedenheit beim Unternehmen Rauch gearbeitet.

Wie ich begonnen habe, war von Werk III quasi noch nichts zu sehen. Es war erst der Spatenstich gewesen. Und erst 1969 wurde die Produktion im Werk III dann auch in Betrieb genommen.

Das Interessante war: Es wurden Standardmaschinen dann von uns modifiziert auf eine schnelle Produktion. Unser Ziel war immer, und das war von der Geschäftsleitung, von den Herren Rauch vorgegeben: Wir müssen besser, vor allen Dingen auch schneller produzieren können wie andere. Das war unser ganzes Bestreben, immer etwas besser zu sein."

D.Z.:

Und wie hat Rauch das erreicht, dass ihr euch da reingekniet habt?

Heinz Hofmann:

„Ja, Familienunternehmen – und dann oft die persönliche Ansprache; dass man gekommen ist und gefragt hat: Wie steht's? Wie seid ihr in der Lage, so etwas auch durchzuführen? Und dann auch die vielen Begegnungen, die man in Form von Feiern gehabt hat. Da war man stolz, Teil dieses Unternehmens zu sein, Teil dieses Familienunternehmens, das so toll von den drei Herren Rauch in ihrer unterschiedlichen Funktion dann auch geleitet wurde."

D.Z.:

Welchen von den drei Brüdern hast du jetzt speziell mitbekommen?

Heinz Hofmann:

„Es war im Produktionsbereich – war es der Heinz Rauch gewesen, der täglich seinen Rundgang gemacht hat – und von dem ich viel

übernommen hab, was die Sauberkeit, die Ordentlichkeit in einem Betrieb angeht.

Es war darüber hinaus noch der Wendelin Rauch, der sehr viel Engagement gezeigt hat im Bereich (der Vereine) – und des kommt dann – ich war schon sehr lange auch ehrenamtlich tätig im Bereich, was die Freudenberger Vereine angegangen ist; und da war er der Kontaktmann gewesen und war immer offen für solche Dinge; und ist auch manchmal zu mir in den Betrieb gekommen.

Es wurde jeder geschätzt. Es war ein Ausspruch vom Heinz Rauch: Für mich ist derjenige, der den Hof kehrt, genauso wichtig als wie derjenige, der dort steht und etwas Neues konstruiert oder unsere Schlafzimmer dann auch verkauft.

Das hat sich fortgesetzt: Man war ja in der Lage, bei anderen Firmen, da hat es das noch gar nicht gegeben, dass Leute in den Schwarzwald durften und haben dort Urlaub machen können mit Unterstützung des Unternehmens Rauch. Und es hat sagenhafte Ausflüge gegeben auf dem Main; da waren damals schon 500, 600 Mitarbeiter, die damals das Unternehmen gehabt hat, hat man zusammen auf ein Boot gebracht, um auch zu demonstrieren: Wir sind eine große Familie, wir gehören zusammen – und wir sind in der Lage, immer noch tollere und bessere Schlafzimmer zu produzieren."

Hüsnü Öz:

„Seit 29.10.1972 bin ich in Freudenberg. Seit 13.11. `72 bin ich beim Rauch."

D.Z.:

So genau weißt du das noch?

Hüsnü Öz:

(Lacht) „Die wichtigste Sache vergisst man nicht."

D.Z.:

Wann sind denn deine Eltern denn nach Deutschland gekommen?

Hüsnü Öz:

„Ja, Vater war zuerst alleine da, ich glaub 1969. Knapp zwei Jahre, dann konnt er es nicht mehr aushalte, weil er alleine war. Dann wollt er halt, wie logisch, seine Familie bei sich haben. Dann hat er uns geholt, ne."

D.Z.:

Wie war denn die Atmosphäre hier im Betrieb, als du hier angefangen hast?

Hüsnü Öz:

„Ach, damals war es sehr gut, sehr gut. Obwohl das ein großer Betrieb ist, haben wir ein Klima da drinnen gehabt wie ein Familienbetrieb mit 10, 12 Leute sozusagen. Es war einwandfrei. Da hat man gerne geschafft, da hat man gerne mehr Leitung gebracht, da war jeder zufrieden."

D.Z.:

Wie habt ihr die erlebt, die Gebrüder Rauch?

Hüsnü Öz:

„Die haben ja am Anfang fast täglich einen Rundgang gemacht – mit Herrn Schäd und Herrn Hoffmann. Die haben auch richtig nett gegrüßt. Jeden Arbeiter einzeln, wo sie vorbeigelaufen sind, haben sie alle gegrüßt. Die waren nicht, wie soll ich sagen, hochnäsig: Ich bin der große Chef, ich muss nicht guten Tag oder guten Morgen sagen. Die waren wirklich menschlich. Die Füße waren richtig auf dem Boden hat, ne."

D.Z.:

Und wenn jetzt mal irgendwas passiert ist, es passiert ja in jeder Arbeit mal etwas, was schief geht. Wie ist denn in der Firma damit umgegangen worden, wenn mal ein Missgeschick passiert ist?

Hüsnü Öz:

„Jeder Arbeiter hat das Gefühl gehabt: Ich bin ein Mensch, ich bin was! Also ich mach hier was."

D.Z.:

Und ist der Fehler gleich von unten nach oben gemeldet worden oder gab's dann eine Zwischenschicht, wo man gesagt hat: Der fängt das vielleicht ab und regelt das, bevor es nach oben geht?

Hüsnü Öz:

„Erst hat man, jeder hat ja Vorarbeiter, ne. Mit Vorarbeiter hat man darüber gesprochen. Dann ist der Bandleiter gekommen. Aber alles ist richtig in Grenzen geblieben, also in menschlichen Grenzen. Wenn einer einen Fehler gehabt hat, gut, ab und zu war einer von den Höhersten außer Rand (und Band), das ist ja ganz normal. Da hat an viel Verlust gehabt oder Zeit verloren oder Material verloren. Aber wie dann wieder weiter alles gut gelaufen ist, da hat man sich versöhnt, da hat man einen Schulterklopfer gekriegt: Ach, es waren schlimme Minuten, heißt das dann. Dann ist die Sache wieder in Ordnung gewesen. Aber Gefühl war da, das menschliche Gefühl war immer da."

Heinz Hofmann:

„Ja, legendär waren die Weihnachtsfeiern und die Veranstaltungen, die sich darum gerankt haben. Ich selbst hab mit meiner Abteilung im Rahmen von Weihnachtsfeiern erlebt, dass einmal der Heinz Rauch oder der Günter Rauch angekommen ist, hat den Kofferraum aufgemacht, hat ein paar Flaschen Wein oder sonst was mitgebracht und hat sich zu uns gesetzt und hat mit uns gefeiert. Und das war so ein tolles Gefühl. Und das hat uns über die Jahre das ganze Jahr hindurch geprägt, weil wir wussten, die Geschäftsleitung, die Herren Rauch sind mit uns sehr, sehr verbunden. Darüber hinaus war es auch unterm Jahr so gewesen, sei es ob erster Mai oder sonst irgendwas; es hat immer wieder mal was Besonderes gegeben, man hat sich was einfallen lassen, wo man sagen kann: Das ist keine Selbstverständlichkeit, die Sache kommt auch sehr von Herzen. Und das hat die Firma über die Jahrzehnte immer wieder geprägt.

Das Unternehmen Rauch hat immer sehr sparsam gewirtschaftet – und hat sich darauf angelegt und wusste, dass es immer zu gewissen Zyklen kommt, die es im Bereich des Wirtschaftslebens immer wieder gibt. Und Rauch hat aufgrund seiner guten Vorsorge es immer wieder ermöglicht, wenn andere Unternehmen zu kämpfen gehabt haben mit ihren Finanzen, dass Rauch gerade dann investiert hat, wohlwissend aufgrund ihrer Erfahrung, dass der Aufschwung wieder kommt. Und so war man in der Lage, durch entsprechend gesteigerte Produktivität, durch entsprechend gesteigerten Umsatz dann auch wiederum Gelder anzusparen für das nächste Tal, das es im Wirtschaftsleben auch immer wieder gibt."

Das Möbel-Museum.

Wolfgang Sasse: (Museumsleiter)

„Die Firma Rauch wurde 1897 gegründet. Also zum Beginn des Jugendstils. Und man sieht's an einigen Exponaten, die wir hier stehen haben im Museum, an Vertikos, die hier produziert wurden, damals: Der Übergang vom Historismus zum Jugendstil. Das kann man an einem Exponat exemplarisch sehen."

D.Z.:

Wie ging's dann weiter? Es kam ja ein Krieg dazwischen und auch die Technik in der Möbelfertigung hat sich dann - vor allem nach dem Krieg - rasant geändert.

Wolfgang Sasse:

„Ja, die Firma Rauch fing schon früh an mit Maschinenfertigung, mit den ersten Holzbearbeitungsmaschinen. Natürlich durchbrochen durch den Krieg. Aber nach dem Zweiten Weltkrieg bekam des erst den richtigen Aufschwung. Der Bedarf an Möbeln war ja auch groß, denn die Städte, da war ja alles zerstört. Und so wurde hier konsequent auf industrielle Möbelfertigung gesetzt. Es wurde immer wieder auf die neuesten Maschinen hin investiert. Auch unsere Oberfläche, diese bedruckte Oberfläche, wo wir heute noch fast der Einzige sind, der diese Technik anwendet: den indirekten Druck auf die Spanplatte.

Man sieht ja, dass alles auf industrielle Fertigung, auf Stückzahlen ausgerichtet ist."

D.Z.:

Aber darunter hat ja nicht die Qualität zu leiden, oder?

Wolfgang Sasse:

„Nein. Man muss sagen: Wenn ich so betrachte von den 70er Jahren bis heute gab es einen unwahrscheinlichen Qualitätssprung auch in der industriellen Fertigung. Allein auch schon die Zulieferanten, die Beschläge liefern oder die Beschläge produzieren, die haben einen unwahrscheinlichen Quantensprung gemacht in der Qualität und in der Technik: Topfbänder mit Selbsteinzug, Schubkastenführung mit Selbsteinzug, Schwebetüren, die sich von selbst in die alte Position

bringen. Also das ging Hand in Hand: Die Perfektion der Technik –
und die Perfektion der Zulieferanten."

D.Z.:

Und die Qualität?

Wolfgang Sasse:

„wurde entsprechend gesteigert!

Wichtig ist auch die handwerkliche Ausbildung. Die Ausbildung zum
Mechatroniker und Elektriker. Das lag den Herren Rauch immer sehr
am Herzen, dass die Ausbildung funktioniert und dass wir entspre-
chende Leute (haben). Jemand der sich mit dem Unternehmen iden-
tifiziert, der arbeitet auch ganz anders.

Es wurde zwar viel verlangt, aber dafür hatte man einen sicheren Arbeitsplatz. Und Sie sehen das ja hier an dem Umfeld in Freudenberg,
wie das alles prosperiert. Das ist auch durch das Engagement der
Firma hier, der Brüder Rauch."

D.Z.: (Fragen an Michael Stiehl, Gesamtgeschäftsführer der Firma
Rauch)

Sie sitzen hier auf einem Bett aus dem Jahre 1898. Die Firma Rauch
hat ,ne lange Tradition, hat mehrere politischen Systeme überstan-
den, zwei Kriege und hat mehrere Veränderungen erlebt. Wie hat
sich jetzt die Firma Rauch entwickelt, seit Sie die Firma leiten?

Michael Stiehl:

„Gut, wir haben jetzt wirklich eine neue Zeitrechnung. Grad jetzt in
der Zeit ist das Thema Globalisierung ganz wichtig. Wir haben zusätzlich internationale Märkte erobert. Und wir haben sehr stark das Unternehmen auf Kundenwünsche ausgerichtet. Es ist immer wichtiger,
was der Kunde will. Früher gab's einfach einen großen Bedarf – und
heute muss man ganz spezifisch auf Kundenbedürfnisse eingehen.
Und das führt beispielsweise dazu, dass wir heute Möbel haben, die

konfektionierbar, konfigurierbar sind, so, wie der einzelne Endkunde die Möbel auch haben will: in Farbe, in Form, in Ausgestaltung, in zusätzlichen Funktionen, in der Inneneinteilung."

D.Z.:

Und wie erreichen Sie sowas? Da muss sich doch technisch eine Menge ändern.

Michael Stiehl:

„Wir haben technisch eine Menge getan im Unternehmen. Wir haben auf der einen Seite sehr viel automatisiert, wir haben sehr viele Maschinen. Wir haben aber auch ein System entwickelt, das so ähnlich wie ein Lego-Baukastensystem ist, wo wir aus einzelnen Teilen die eine hohe Wiederholhäufigkeit haben, individuelle Produkte herstellen können."

D.Z.:

Jetzt hat sich aber nicht nur der Anspruch vom Design her geändert, sondern auch der Anspruch, der von der Gesellschaft auf die Firma zukommt.

Michael Stiehl:

Ja, da haben Sie natürlich Recht. Das ganze große Thema Nachhaltigkeit ist heute wichtig. Die Endverbraucher achten heute darauf: Wo kommen die Möbel her, strahlen sie oder emittieren sie Schadstoffe? Das ist ganz wichtig. Und wir als Unternehmen tun da sehr viel. Wir haben vor zwei Jahren den deutschen Nachhaltigkeitspreis gewonnen. Haben da sehr viel gemacht. Im Produkt selber versuchen wir nur hochwertige Materialien, unbelastete Materialien, nur Frischholz in der eigenen Spanplatte zu verwenden. Und auch unsere Produktionsprozesse sind nach nachhaltigen Kriterien gestaltet.

D.Z.:

Jetzt denk ich doch, dass da eine große Verantwortung auf Sie lastet, wenn man in so einer schnelllebigen Zeit wie heute einen großen Betrieb wie die Firma Rauch leiten muss.

Das ist natürlich eine große Verantwortung, weil es hängen eine ganze Menge an Arbeitsplätzen, an Familien dahinter; man muss auch – und das ist heute die Herausforderung - immer die richtigen Trends treffen, die richtigen Bedürfnisse der Kunden. Aber ich hab einen Ausgleich in meiner Familie. Ich hab sechs Kinder. Und die fordern mich zuhause dann ganz stark. Das macht sehr viel Spaß mit denen: Rodeln zu gehen, in der Schule zu helfen, und dann betreib ich ein bisschen Sport zum Ausgleich, um fit zu bleiben."

D.Z.:

Und da können Sie abschalten.

Michael Stiehl:

„Da kann ich abschalten. Das ist dann eine ganz andere Welt, in die ich dann eintauche."

Ende

Die Entwicklung der Firma Rauch von 1897 bis 2017.

- **1897:** Wendelin Rauch, geb. am 9. Mai 1872, richtet am 8. April als 25-jähriger Schreinermeister in der Hauptstraße in Freudenberg einen Handwerksbetrieb ein, der «Kleinmöbel» herstellt.
- **1898:** Am 9. Mai wird Otto Rauch geboren.
- **1905:** Die alte Werkstatt wird zu klein. Umzug in eine größere Werkstatt.

- **1914 – 1918: Erster Weltkrieg. (Hungerwinter 1916)**
- **1922:** Otto Rauch legt vor der Handwerkskammer Mannheim am 17. Juni 1922 die Schreinermeisterprüfung ab
- **1926:** Otto Rauch heiratet Berta Beck.
- **1927:** Otto Rauch wird Mitinhaber im elterlichen Betrieb.
- **1927:** Geburt von Wendelin Rauch (Junior) am 20. Januar.

- **1928:** Geburt von Sohn Günter am 3. Februar. Eintrag der Firma in das Handelsregister beim Amtsgericht Wertheim.
- **1929:** Im Unternehmen sind 22 Schreiner beschäftigt.
- **1930:** Krise: Nur noch 15 Schreiner werden beschäftigt.
- **1931:** Am 2. April wird der dritte Sohn, Heinz rauch, geboren. Damals waren 34 Schreiner beschäftigt. Otto Rauch baut ein Wohnhaus auf das Flurstück 1093 außerhalb der Stadt.
- **1932:** Trotz allgemeiner Arbeitslosigkeit finden 54 Mitarbeiter Beschäftigung. Die Schreiner gehen "stempeln".
- **1933:** Die Beschäftigungslage bessert sich. Das Unternehmen zählt 62 Mitarbeiter. (Es war allerdings auch das Jahr der natio-nalsozialistischen Machtergreifung.)
- **1934:** Kauf der Möbelfabrik Emil Grein in Freudenberg. Danach 70 Mitarbeiter.
- **1935:** Gute Beschäftigungslage. Rauch hat jetzt 82 Mitarbeiter.

Wendelin Rauch

- **1936**: Geburt des vierten Sohnes Rainer am 9. September 1936.

  104 Mitarbeiter sind inzwischen beschäftigt.

- **1937**: Am 9. Mai feiert **Wendelin Rauch** seinen 65. Geburtstag.

  Damit verbunden wird die 40-Jahrfeier der Firma. Die Stadt

  Freudenberg verleiht Wendelin Rauch das Ehrenbürgerrecht.

  1937 werden zugleich alle alten Firmengebäude durch neue,

  zweckmäßigere ersetzt. Erstmals werden eine reine Maschinen-

  halle und eine Montagehalle errichtet. Es sind jetzt 156 Mitar-

  beiter beschäftigt.

- **1938**: "Reichskristallnacht", Synagogen werden mutwillig zer-

  stört.

  178 Beschäftigte.

- **1939:** Wendelin Rauch stirbt am 21. Juni 1939.

  Der Zweite Weltkrieg beginnt am 1. September und setzt sich fort bis zum 8. Mai 1945, als das Deutsche Reich bedingungslos kapituliert.

  189 Mitarbeiter

- **1940:** Die OHG wird aufgelöst, Otto Rauch ist Alleininhaber der Firma.

  Viele Mitarbeiter werden zur Wehrmacht eingezogen. Frauen werden im Betrieb ersatzweise beschäftigt. Insgesamt 215 Mitarbeiter/innen.

Otto Rauch richtet für seine Arbeiter ein

Berta und Otto Rauch

Sozialwerk ein. Die Kosten für die jeweilige Lebensversicherung der eingezogenen Rauch-Mitarbeiter trägt die Firma.

- **1941:** Die Produktion wird umgestellt. Wehrmachtaufträge bestimmen die Produktion zunehmend: Bomben-, Munitionskisten, Flugzeugteile, aber auch weiterhin Stühle, Küchen und Wohnzimmer. 201 Mitarbeiter.
- **1942:** Die ersten Kriegsgefangenen werden beschäftigt. Dort, wo heute ein Kindergarten steht, wird ein Gefangenenlager errichtet. Wachsoldaten bringen die Gefangenen zur Arbeit und wieder zurück ins Lager. Von 1942 – 1945 sind durchschnittlich 50 Kriegsgefangene in der Produktion eingesetzt, in den letzten Jahren vor allem Russen. Sie wurden gut behandelt.
- **1943:** Rüstungsaufträge nehmen zu. 164 Mitarbeiter.
- **1944:** Günther Rauch tritt in das Unternehmen ein. 157 Mitarbeiter.
- **1945:** Wendelin Rauch tritt in das elterliche Unternehmen ein. Heinz Rauch beginnt seine Berufsausbildung als Schreinerlehrling im elterlichen Betrieb.

Endes des Zweiten Weltkrieges. Deutschland wird in vier Besatzungszonen aufgeteilt. Freudenberg liegt in der amerikanischen Zone.

Allmählicher Beginn der Produktion von Friedensgütern. Da das Material damals Mangelware ist, werden "Kompensationsgeschäfte" (Tauschgeschäfte) zur Aufrechterhaltung der Produktion durchgeführt.

Als ehemaliges Parteimitglied wird Otto Rauch ins Internierungslager Ludwigsburg gesperrt, sein gesamtes Vermögen wird einbehalten – und der Betrieb wird durch "Treuhänder" geführt, welche von der US-Besatzungsmacht eingesetzt waren. Auch nach der Entlassung darf er zunächst seinen Betrieb nicht betreten, wird aber von treuen Mitarbeitern heimlich immer gut informiert.

- **1945 – 1948**: Heinz Rauch absolviert eine Schreinerlehre im väterlichen Betrieb. Er fährt zweimal pro Woche mit dem Fahrrad 6 KM weit nach Miltenberg, wo er die Berufsschule besucht. Bisweilen nimmt er eine junge Nonne, die zum Orgelspielen kam und denselben Weg nehmen musste, wegen der damals schlechten Busverbindung auf seinem Fahrrad mit. (Honni soit qui mal y pense)
- **1946**: Das Unternehmen wird immer noch durch Treuhänder geführt. Manche Geschäfte werden unter der Hand auf Kosten des Unternehmens gemacht. 156 Mitarbeiter.
- **1947**: Otto Rauch ist wieder in seinem Betrieb. Mit Sohn Günther baut er alte und neue Geschäftskontakte auf. Die Kundschaft in der russischen Besatzungszone ist jedoch verloren. 117 Mitarbeiter.

  Trotz der desolaten Lage feiert die Firma ihr 50-jähriges Bestehen. Die Familie Rauch opfert zur Feier ihren Stallhasenbestand für ein zünftiges Hasenessen.
- **1948**: Am 20 Juni wird die neue Währung, die DM eingeführt. 155 Mitarbeiter.

Es geht wieder aufwärts. (Die kaufmännischen Angestellten tragen zur Verblüffung von Otto Rauch wieder Krawatten.) Das Ruhrgebiet wird als Möbelmarkt erschlossen.

Zu Weihnachten bekommen die Mitarbeiter u.a. ein Paar Sonntagsschuhe, wobei man zwischen schwarz und braun wählen kann.

- **1950:** 204 Mitarbeiter.

Tanz in den Mai für die gesamte Belegschaft samt Angehöriger im "Zieglersaal".

Rauch-Mitarbeiter gehen in Erholungsurlaub. Es stehen zwei Erholungshäuser unter Vertrag: Das Hotel "Hirschen" im Glottertal und das "Nannerl" in Berchtesgaden. Kleinbusse bringen auf Kosten der Firma die Mitarbeiter im Pendelverkehr dorthin.

- **1951:** Erste Arbeitnehmervertretung als Betriebsrat. 242 Mitarbeiter.

Neubau der Kantine über dem Furnierkeller. Einführung des Refa-Systems.

Als Otto Rauch nach einem Klinikaufenthalt zurück in den Betrieb kommt, sitzen alle Kaufleute mit weißen Arbeitsmänteln an ihren Schreibtischen. Ein Schock! Otto Rauch lässt dies sofort wieder abschaffen.

- **1952:** Die Mutter von Otto Rauch, Henriette Rauch, stirbt am 7. April. Otto Rauch dann am 28. August. Beide wurden in Freudenberg durch große Trauerfeiern geehrt. Günther Rauch leitet von nun an den Betrieb – zusammen mit den Brüdern Heinz und Wendelin.

- **1953:** Wendelin Rauch heiratet am 17.11. Elfriede Ulrich.

  Erster Auftritt der Firma bei der Internationalen Möbelmesse in Köln.

  258 Mitarbeiter.

- **1955:** Neubau eines Verwaltungsgebäudes mit Ausstellungsraum und zwei Wohnungen. Später wird dies ein Schulgebäude.

  264 Mitarbeiter.

- **1956:** Geburt von Wendelin jr., Sohn von Wendelin und Elfriede Rauch.

  Die Maschinenhalle wird vergrößert.

  279 Mitarbeiter.

- **1957:** Lehrlingsausbildung, worauf die Firma von nun an großen Wert legt.

  304 Mitarbeiter.

- **1958:** Hochzeit von Heinz Rauch und Christel Jung am 7. April.

  Kauf des Spanplattenwerkes in Markt Bibart von der Firma Kreibaum, Lauenstein. Mitarbeiter in Freudenberg: 302, in Markt Bibart: 38.

- **1959:** Am 12. September wird Marina, die 1. Tochter von Heinz und Christel Rauch geboren.

  Mitarbeiter insgesamt: 350.

- **1961:** Durch Rationalisierungsmaßnahmen wird der Umsatz gesteigert. Insgesamt 428 Mitarbeiter.
- **1962:** Geburt von Jenny, der 2. Tochter von Heinz und Christel Rauch.

  Die Auftragslage ist zufriedenstellend.

  Insgesamt 458 Mitarbeiter.
- **1963:** Einstieg in die elektronische Datenverarbeitung mit dem IBM-Lochkartensystem. Insgesamt 505 Mitarbeiter.
- **1964:** Aufgrund der guten Auftragslage werden türkische Gastarbeiter angeworben.
- **1965:** 536 Mitarbeiter.
- **1966:** Alkoholverbot am Arbeitsplatz! Die türkischen Mitarbeiter kennen nicht die Wirkung des Bieres.

  Einrichtung eines Designerstudios für die Entwicklung der Rauch-Möbelkollektion. Insgesamt: 553 Mitarbeiter.
- **1967:** Erste bargeldlose Lohnauszahlung. Jeder Mitarbeiter musste ein Girokonto bei der Bank haben. Kein Geld mehr, von dem die Ehefrau nichts weiß! – Insgesamt 567 Mitarbeiter.
- **1968:** Bau einer weiteren Montagehalle. – Mehrwertsteuer (10%) wird eingeführt. Rauch hat eine offizielle Werksfeuerwehr.

  Insgesamt: 648 Mitarbeiter.

- **1969:** Werk III wird in Freudenberg neu gebaut.

(Die Mehrwertsteuer wird auf 11% erhöht)

Insgesamt 777 Mitarbeiter.

- **1970:** Europäische Märkte werden erschlossen. Der Exportanteil beträgt 21%

  Die Niederlande, Frankreich und Belgien werden beliefert. - 935 Mitarbeiter.

- **1972:** 75 Jahre Firma Rauch wird gefeiert.

  Erstes "Rentnertreffen", das zur jährlichen Einrichtung werden soll.

- **1973:** Ein neues Verwaltungsgebäude wird draußen im Industriegebiet gebaut. Dort arbeiten 170 Mitarbeiter (einschließlich Außendienst).

- **1974:** Insgesamt 1157 Mitarbeiter.
- **1975:** Neubau des moderneren Spanplattenwerkes in Markt Bibart.
- **1976:** Gründung der "Familienholding". Geschäftsführer sind Günther, Wendelin und Heinz Rauch. - "Rauch GmbH & Co.". Der genaue Aufbau ist in der Firmenchronik verzeichnet. Insgesamt 1127 Mitarbeiter.
- **1977:** Erste Hausmesse in Freudenberg. (Auch als Vorbereitung für die Kölner Möbelmesse, die auch besucht wird)
- **1979:** Kauf der in Konkurs gegangenen Möbelfabrik Zengel in Miltenberg (Bürgstadt). Dort werden Echtholzmöbel produziert. Insgesamt: 1322 Mitarbeiter.
- **1980:** Hausmesse im Hause Rauch. (Inkl. aufblasbares Festzelt) (Mehrwertsteuer beträgt inzwischen 13%). Insgesamt 1337 Mitarbeiter.
- **1981:** Erweiterungsbau der Ausstellungshalle am Verwaltungsgebäude. Insgesamt 1343 Mitarbeiter.
- **1982:** Möbelflaute. Erstmals Kurzarbeit auch für kaufmännische Mitarbeiter. Einführung der Stechkarten für alle Angestellte zur Erfassung von An- und Abwesenheit. Insgesamt 1305 Mitarbeiter.
- **1983:** Geburt von Tochter Ines von Wendelin jr. und Frau Margit.

Weitere 7 Monate Kurzarbeit, da die Lage am Möbelmarkt immer noch angespannt ist. Insgesamt 1312 Mitarbeiter.

- **1984:** Tod von Berta Rauch am 31. Oktober.
  Immer noch angespannte Lage am Möbelmarkt. Insgesamt 1279 Mitarbeiter.

- **1985:** Einige türkische Gastarbeiter gehen zurück in die Heimat. Das "Gastarbeiterhaus" (Hauptstraße 205) wird zum Mehrfamilienhaus umgebaut. Die verbliebenen türkischen Arbeiter ziehen in die Altstadt. Insgesamt 1238 Mitarbeiter.
  m-design GmbH in München durch Marina Rauch gegründet. Die Firma entwickelt Produkte im Bereich Werbung, Disign und Marktplanung.

- **1987:** Die Firma Rauch wird 90 Jahre alt. Großzügige Spenden an Stadt und Kirche sowie 1 Million DM für die Mitarbeiter.

- **1988:** Tod von Rainer Rauch am 23. April.
  Neue Fertigungsstraße im Werk III.
  Einführung computergesteuerter Tourenplanung für die LKW-Flotte.

- **1989:** Große Werkserweiterung am Werk III.
  Neue Telefonanlage von Siemens. Installation einer zentralen Datenbank.

- **1990:** Flexible Arbeitszeiten werden eingeführt. Elektronische Zeiterfassung erübrigt ab 1. November die Stechuhren.
  Neubau des Spanplattenwerkes in Markt Bibart.

- **Lehrlings-Ausbildung zum Holzmechaniker ab September über die gesamte Ausbildungszeit im Hause.**
- **"Rauch-Unterstützungskasse" (e.V.)** für Mitarbeiter, die unverschuldet in eine Notlage geraten.
- **1990/91:** Ausweitung der Möbelproduktion für die ehemalige DDR. 1990 wird zum umsatzstärksten Kalenderjahr. Wendelin jr., 34 Jahre alt, tritt im August ins Unternehmen ein.
  Im Werk III wird aufgrund des hohen Auftragsbestandes ab Oktober die 3-Schicht-Arbeit eingeführt.
  Designwettbewerb für Azubis.
- **1991:** Der Auftragsbestand stieg von 30 Mio. DM 1990 auf jetzt 136 Mio. DM!
  Kauf der Möbelfabrik Charles Schneider S.A., Betschdorf im Elsaß. (Ausbau des Marktanteils im Echtholzbereich)
  Die Möbelindustrie hat Hochkonjunktur, was auf der Möbelmesse in Köln sichtbar wird. 1991 bringt Rauch neue Solomöbel-Programme dazu, diverse Kollektionen für den Appartement-Bereich. Insgesamt wird die Möbelauswahl vielfältiger und individueller.
  Rauch-Lehrlinge helfen Waldarbeitern bei der Aufforstung des durch Sturm "Wiebke" zerstörten Waldes. Ebenfalls helfen sie bei der Gestaltung des Burgschauspieltheaters auf der Freudenberg, wo der "Schinderhannes" aufgeführt wird.
  Im Oktober kommt Roger-Elias, der Sohn von Hans und Marina Steininger auf die Welt.
  Paul Ziegler, der Leiter der EDV-Abteilung, geht nach 34 Jahren Betriebszugehörigkeit in den Ruhestand.

- **1992:** In der zweiten Jahreshälfte beginnt ein deutlicher Konsumrückgang. (Höhere Steuerbelastung, Inflation...) Hochwertigere Produkte werden dennoch nachgefragt. Insgesamt steigt die Diversifizierung des Möbelangebotes.

- **1994:** Die Möbelproduktion erhält den "Blauen Engel" Alle Lackieranlagen sind auf wasserlösliche und damit umweltfreundliche Lacke umgestellt.

- **1997:** Hundertjähriges Jubiläum der Firma.

- **1999:** Michael Stiehl tritt am 1. Oktober als kaufmännischer Geschäftsführer in das Unternehmen ein.

- **1999/2002:** Einführung des Euro (€) als Zahlungsmittel.

- **2001:** Michael Stiehl wird Vorsitzender der Geschäftsführung.

- **2003:** Michael Stiehl wird Ende 2003 „Geschäftsführender Gesellschafter".

- **2004:** Am 24.4. 2004 stirbt Günther Rauch.

- **2005:** Am 23.11.2005 stirbt Wendelin Rauch.

- **2006:** Durch eine CO2-neutrale Spanverbrennungsanlage werden Werk III, die Verwaltung und das Otto-Rauch-Stift umweltfreundlich mit Wärme versorgt.

- **2009: Das Rauch-Möbelmuseum wird eröffnet.**
Die Produktionsfläche am Standort Bürgstadt wird erweitert.

- **2014:** Die Rauch-Möbelwerke werden am 28.11.2014 mit dem **"Deutschen Nachhaltigkeitspreis"** ausgezeichnet. Rauch gilt in diesem Jahr als "Deutschlands nachhaltigstes Unternehmen mittlerer Größe«!

Die Rauch Möbelwerke GmbH sind Sieger in der Kategorie
„Deutschlands nachhaltigste Unternehmen mittlerer Größe 2014".

MÖBEL FÜR
AUSGESCHLAFENE

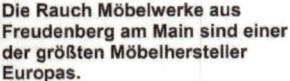

Die Rauch Möbelwerke aus
Freudenberg am Main sind einer
der größten Möbelhersteller
Europas.

Rauch folgt dem Prinzip „von der Nachhaltigkeitsstrategie zur nachhaltigen
Unternehmensstrategie" mit dem Ziel, sozial-ökologisch nachhaltige Produkte (GS-, Blauer
Engel-, PEFC/FSC- zertifiziert) erschwinglich für die breite Masse zu produzieren.

- **2017:** Heinz Rauch, der letzte der vier Rauch-Brüder, stirbt am
  25. September 2017.

- **2019:** Das Werk I der Firma Rauch, das in der Innenstadt von
  Freudenberg liegt, wird geschlossen. Die dortige Produktion
  wird an andere Standorte verlegt, die der Firmenleitung für eine
  notwendige Modernisierung geeigneter erscheinen.
  (https://www.moebelkultur.de/news/werk-1-wird-verlagert/)

Rauch in Wikipedia *(Stand 22.2.2017)*:

"Rauch Möbelwerke GmbH ist ein deutscher Möbelhersteller mit Sitz
in Freudenberg am Main in Baden-Württemberg. Rauch wurde 1897
gegründet und zählt zu den größten Herstellern von Schlafzimmer-
möbeln und Schrankprogrammen in Europa. Sämtliche Produkte werden ausschließlich in Deutschland gefertigt und europaweit über den
Möbelhandel vertrieben. … Mittlerweile ist das Unternehmen in der
4. Generation in Familienhand und beschäftigt 1600 Mitarbeiter."

https://de.wikipedia.org/wiki/Rauch_M%C3%B6belwerke

Die „Außenpolitik" der Gebrüder Rauch.

Ein Standbein für die Entwicklung der Firma Rauch war immer die Motivation der Mitarbeiter. In allen Abteilungen der Firma wurden Mitarbeiter gefördert, die eigenständig an technischen Verbesserungen und Neuentwicklungen interessiert waren. Man war stolz, Teil einer Firma zu sein, die überall gut angesehen war.

Im Bild: Wendelin Rauch, Heinz Rauch, Günter Rauch und Anneliese Karch

Um den Erfolg der Firma Rauch zu verstehen, ist es aber auch wichtig, auf die Beziehung der Firma zu den Vertretern des Vertriebes in wichtigen Regionen des Absatzes ihrer Produkte hinzuweisen.

So gab es z.B. in Hamburg die Firma des 1998 im Alter von 90 Jahren verstorbenen Karl Glanz, der ein eigenes Möbellager unterhielt und Möbel mehrerer Firmen anbot. Zu ihm und seiner Familie pflegten die Brüder Rauch (mit ihren Familien) einen herzlichen Kontakt, der es jederzeit erlaubte, Rückmeldungen über Kundenwünsche zu geben oder Kritik an einzelnen Rauch-Produkten weiterzugeben. Und jeder weiß doch, wie wichtig

Heinz und Günter Rauch begrüßen Gäste.

gute Beziehungen sind, um ohne Umschweife auf den Punkt zu kommen. Davon haben beide profitiert: Die Firma Rauch – und ihre Vertriebspartner in den verschiedenen Regionen.

Heinz und Christa Rauch mit Günter Müller

Für das Ruhrgebiet mit seiner etwas anderen Bevölkerungsstruktur konnte die Firma Rauch mit Herrn Günther Müller in Essen zusammenarbeiten, der genau wie Herr Glanz ein eigenes Möbellager unterhielt.

Auch hier brachte der menschliche Faktor in der Zusammenarbeit viel Positives zustande. Natürlich gibt es heute eher technische Möglichkeiten, um Kundenwünsche aufzunehmen, aber nicht immer lassen sich diese genauso gut in die Motivation der Führungskräfte und der Mitarbeiter übersetzen wie bei einem menschlichen Kontakt der verschiedenen Partner.

Es gab auch Vertriebspartner, die kein eigenes Lager unterhielten, so z.B. Wilhelm Kleeberger, der einen Betrieb in Nörten-Hardenberg, bei Göttingen und nicht allzu weit von Hannover gelegen, hatte.

Wilhelm Kleeberger (links im Bild)

Die Anerkennung und der Respekt, den die Mitarbeiter im Betrieb bekommen haben, spürten auch die Partner im Vertrieb der Rauch-Möbel. Vielleicht lässt sich heute im Rahmen der erweiterten Märkte, der damit erweiterten Konkurrenz und auch der heterogeneren Kundenwünsche eine Versachlichung der Produktions- und Vertriebsfaktoren nicht vermeiden. Aber natürlich bleiben die menschlichen Beziehungen – wie in der großen Politik – weiterhin wichtig, um mit einem großen Betrieb auch heute zu überleben.

Moderne Möbel der Firma Rauch

Kleiner Stammbaum

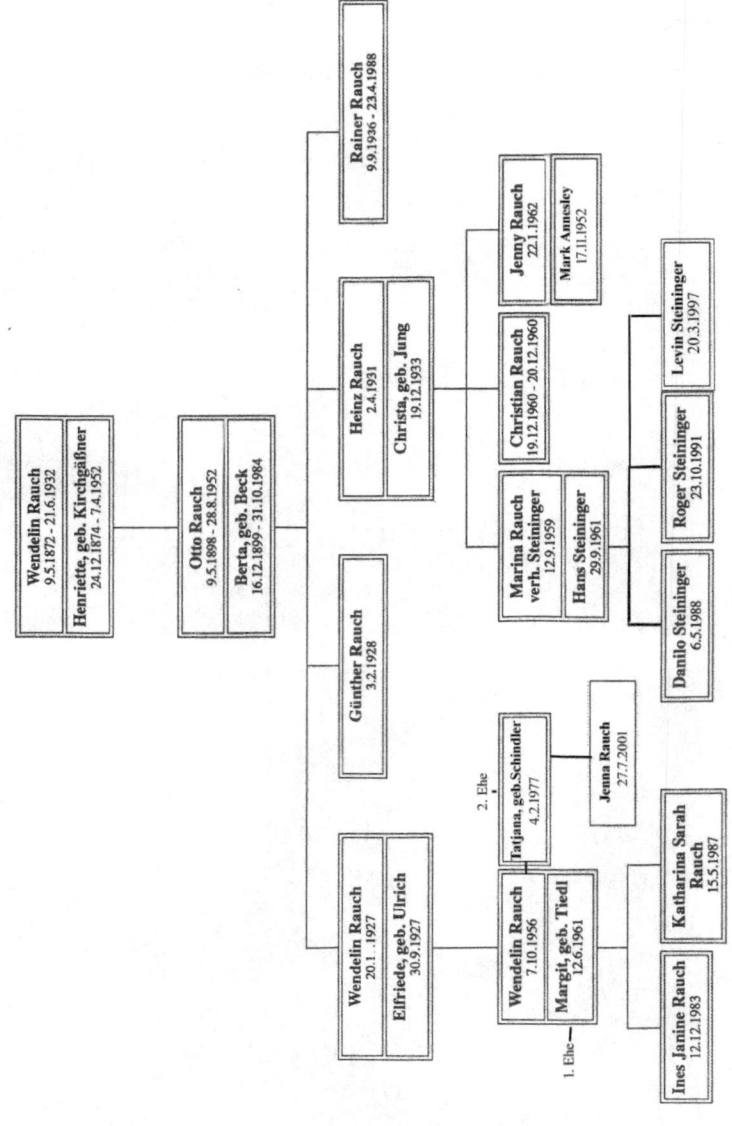

Wendelin Rauch
9.5.1872 - 21.6.1932

Henriette, geb. Kirchgäßner
24.12.1874 - 7.4.1952

Otto Rauch
9.5.1898 - 28.8.1952

Berta, geb. Beck
16.12.1899 - 31.10.1984

Rainer Rauch
9.9.1936 - 23.4.1988

Heinz Rauch
2.4.1931

Christa, geb. Jung
19.12.1933

Günther Rauch
3.2.1928

Wendelin Rauch
20.1.1927

Ellfriede, geb. Ulrich
30.9.1927

Jenny Rauch
22.1.1962

Mark Annesley
17.11.1952

Christian Rauch
19.12.1960 - 20.12.1960

Marina Rauch
verh. Steininger
12.9.1959

Hans Steininger
29.9.1961

Levin Steininger
20.3.1997

Roger Steininger
23.10.1991

Danilo Steininger
6.5.1988

2. Ehe

Tatjana, geb. Schindler
4.2.1977

Jenna Rauch
27.7.2001

Wendelin Rauch
7.10.1956

Margit, geb. Tiedl
12.6.1961

Katharina Sarah Rauch
15.5.1987

1. Ehe

Ines Janine Rauch
12.12.1983

62

Aktuelles im Jahr 2019:

„Nach Aktionen und Verhandlungen nur noch 32 statt 253 Entlassungen"

„Die Firma Rauch Möbel hatte [...] 253 Entlassungen Anfang Februar verkündet. Betriebsrat und IG Metall forderten die Geschäftsführung zu Verhandlungen auf. Der Betriebsrat verweigerte in den Wochen bis zur Einigung sämtliche Überstunden. Das setzte die Geschäftsführung unter Druck, da die Auftragsbücher voll sind.

Für die vom Stellenabbau betroffenen Beschäftigten haben Betriebsrat und IG Metall dem Arbeitgeber finanziell einiges abgerungen: Die Entlassenen erhalten Abfindungen und haben zudem die Wahlmöglichkeit, ab 1. Juli für bis zu zwölf Monate in eine sogenannte Transfergesellschaft zu wechseln, von Rauch finanziert wird. Dort erhalten die Beschäftigten weiterhin Lohn, werden in neue Arbeitsplätze vermittelt und gezielt dafür qualifiziert. Die Vermittlungsquote der Transfergesellschaft liegt bei rund 96 Prozent. Das sogenannte Profiling - die Analyse der Beschäftigungschancen und Qualifizierungsbedarfe hat bereits begonnen.

Bis Ende letzter Woche konnten die von den betroffenen Beschäftigten ihre Wahl treffen. Der größte Teil von ihnen nimmt das Wechselangebot zur Transfergesellschaft an. Einige haben bereits neue Arbeitsplätze gefunden. Abfindungen erhalten alle.

Auch die 21 Beschäftigten, die früher in Rente gehen, wechseln zunächst in die Transfergesellschaft, wo sie weiter Entgelt erhalten und dadurch erst später und mit weniger Abschlägen in die Rente eintreten."

Aus IG-Metall, „Im Betrieb", 19. Juni 2019:

https://www.igmetall.de/im-betrieb/rauch-moebel-nur-noch-32-statt-253-entlassungen

Filme und Filmbegleitbücher von Detlef Zeiler und „MOPAED":

1. **„Zeitensprung" – Der Heiligenberg bei Heidelberg. (2. Auflage, 1986)**
   - Die Geschichte des Heiligenberges.
   - Von Oben gegründet: Kurze Geschichte der Stadt Heidelberg.
   - Der unheimliche Berg.

2. **„Heidelberg im Mittelalter." (3. Auflage, 1987)**
   - Stadtgründung, Stadtentwicklung, Stadtverfassung.
   - Universität und Studenten.
   - Markt und Handel.
   - Alte Maße und Gewichte.
   - Handwerk und Gewerbe.
   - Strafrecht und Strafvollzug.

- Die Sittenstrafordnung für Dirnen (1532).
- Das älteste Gewerbe im alten Heidelberg.
- Hexenglauben und Hexenprozesse.
- Juden im Mittelalterlichen Heidelberg
- Klöster in der Stadt Heidelberg.
- Armenpflege und soziale Einrichtungen.
- Freizeit im Mittelalter.
- Die Sprechertexte des Films. (Expertenbefragungen)
- Literaturverzeichnis.
- Filmausschnitt: https://www.y-outube.com/watch?v=zMfJp-G_YVA

3. „Heidelberger Schulgeschichten" (1. Auflage, 1988)
- Etappen der Schulentwicklung.
- Die Dorfschule.
- Die Neckarschule.
- Vom Pädagogium zum Gymnasium.
- Die Lehrerschaft des Kurfürst-Friedrich Gymnasiums im Nationalsozialismus.
- Schülerunruhen am Kurfürst-Friedrich-Gymnasium 1968.
- Filmprotokoll.
- Literaturverzeichnis.

4. „Neuenheim ist halb Europa" – Film und Buch zur Eingemeindung Neuenheims vor 100 Jahren. (1. Auflage 1990)
- Die Eingemeindung in die Stadt Heidelberg.
- Neuenheim wird Stadtteil von Heidelberg. Gespräch mit Otto Jaeger und Ludwig Merz.
- Gespräch mit Professor Dr. Helmut Krauch.
- „Und plötzlich war die Klasse judenfrei."
- Statistik aus dem Stadtplanungsamt (1989)

- „Neuenheim ist halb Europa". Erinnerungen zweier Neuenheimerinnen.
- Filmtext (deutsch).
- Filmtext (französisch).
- Der Neckar bei Heidelberg. Gespräch mit Heimatforschern: https://www.youtube.com/watch?v=zMfJp-G_YVA oder: www.zeiler.me

5. **„In einem kühlen Grunde". Geschichten aus dem alten Rohrbach.**
(Filmbeitrag aus dem Jahre 2014)
https://www.youtube.com/watch?v=A0leXWcwe-I

6. **„Schattenwelten" – Ehemalige russische "Ostarbeiterinnen" erzählen über ihre Zeit in Deutschland während des Zweiten Weltkrieges**
(© 2018)
https://www.youtube.com/watch?v=vQEL-BhJi-c&feature=youtu.be

Zeitfracht Medien GmbH
Ferdinand-Jühlke-Straße 7
99095 Erfurt, Deutschland
produktsicherheit@kolibri360.de